Durchgerissen · Erbses Klettercomics Band 2

Erbses Klettercomics Band 2

Durch-
gerissen

Vierte Auflage 2003

Golterstraße 12
73257 Köngen
www.panico.de
Tel. (07024) 82780
Fax. (07024) 84377
ISBN 3-926807-66-0

KLETTERCOMICS SIND DER LETZTE SCHEIß!

HNNNGGRRA...
TJA, DU MUßT HALT EINFACH MEHR TRAINIEREN.
AAAYHHRGHH
ROTZ
SPROTZEL
SCHLUCHZ
ES IST SO UNERTRÄGLICH!
ES IST SO GRAUSAM ...
IHR KÖNNT MICH... ÄH IHR VERKENNT MICH ALLE!!
VERGEßT SIE, DIE LEGRANDS & PETITS
DIE NICOLES, DIE LAMPRECHTS ...
... KEIN KLOWASCH, KEIN SCHAMHAAR UND LOSKOTZ UND WIE SIE ALLE HEIßEN! ...
ES IST DIE VERDAMMTE WAHRHEIT : ICH BIN ...

... DER BESTE KLETTERER DER WELT !!
ES WAR EINMAL IN EINEM NICHT ALLZU LANGE VERFLOSSENEN FRÜHLING. ICH ARBEITETE GERADE AN DER SCHLÜSSELSTELLE VON MEINEM NEUEN PROJEKT ...
PING PENG DENGEL
AU ... AUA !
HE DU ARSCH! ICH BIN'S, DER FELS! HÖR' AUF AN MIR 'RUMZUHÄMMERN ?!
MOMENT! DU BIST NICHT DER FELS, SONDERN MEINE NEUE ROUTE! UND WEIL DU NICHT PERFEKT BIST, MUß ICH DEINE GRIFFOLGE ETWAS HARMONISIEREN !!
SAG' MAL, BIST DU EIGENTLICH TOTAL BESCHEUERT ??!
OKOK, IMMER SCHÖN RUHIG BLEIBEN! ... MIT EURER KRANKEN SPEZIES MUß MAN SCHEINT'S IMMER 'NEN DEAL MACHEN.
WENN DU MIT DEM BEHÄMMERTEN GEMEIßEL AUFHÖRST, HAST DU 'NEN WUNSCH FREI.
JA GAIIEL, MANN! ICH WILL DIE KLEINSTEN GRIFFE KRALLEN KÖNNEN!! ICH WILL DER WELTBESTE KLETTERER SEIN!!! NUR ICH! GANZ ALLEINE !?!
ES SEI DIR GEWÄHRT ... NUR DU ... UND GANZ ALLEINE ...

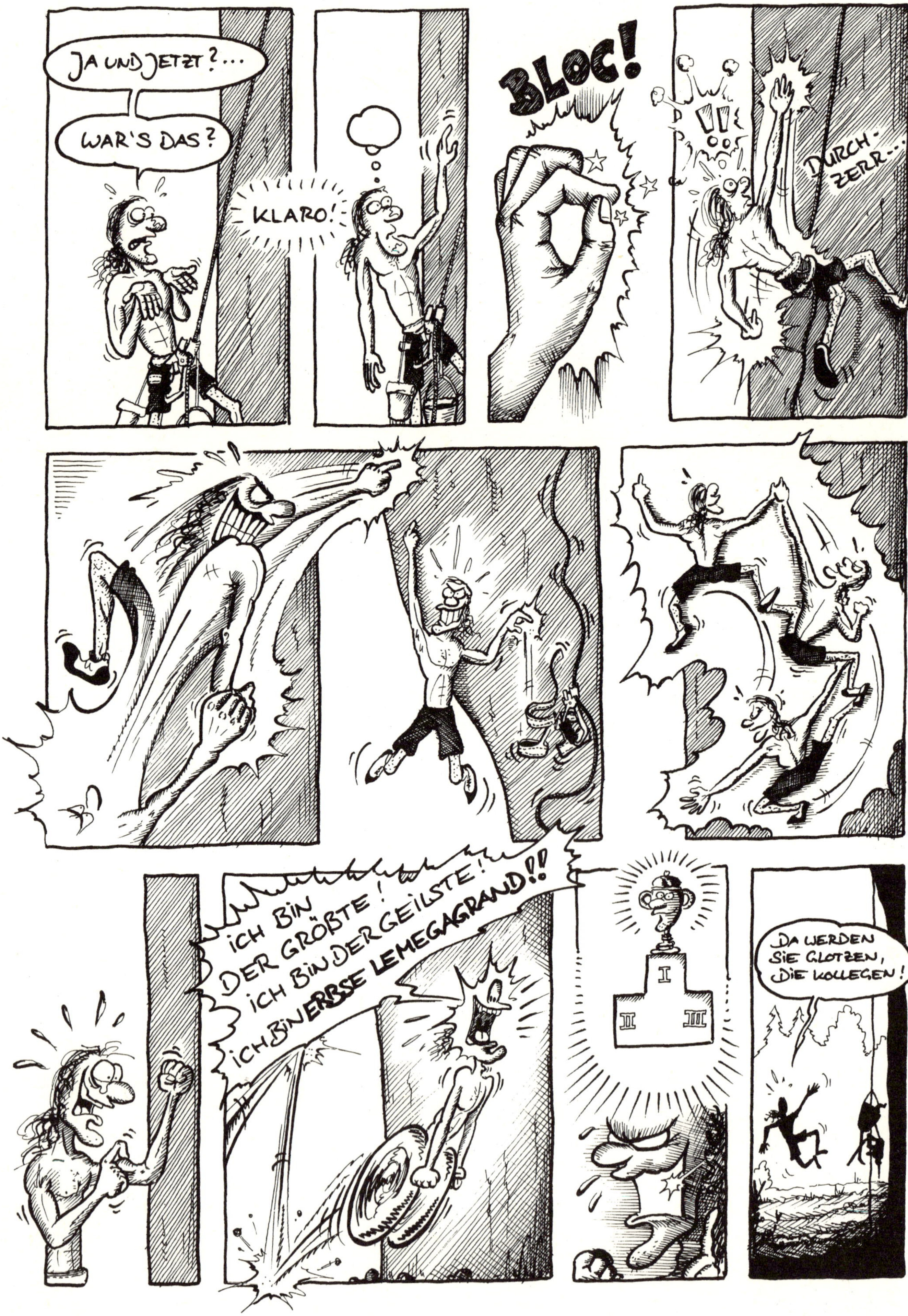
JA UND JETZT ?...
WAR'S DAS ?
KLARO!
BLOC!
!!
DURCH-ZERR...
ICH BIN DER GRÖßTE! ICH BIN DER GEILSTE! ICH BIN ERBSE LE MEGAGRAND!!!
I
II
III
DA WERDEN SIE GLOTZEN, DIE KOLLEGEN!

DAS SIND MOVES...!
SACKHART! PROBIER' MAL!
SO?
'N BIßCHEN GROßE GRIFFE, FINDEST DU NICHT? ...
HNNGRRRNNNGHH
HALT 'N BIßCHEN GROßGRIFFIG, WAS?? ...
NA WARTE...
DU MIESES DRECKIGES STÜCK FELS!! WAS IST MIT UNSEREM DEAL?!

MACH DICH MAL LOCKER, JUNGE! ES IST, WIE DU'S DIR GEWÜNSCHT HAST: DU BIST DER BESTE, ABER NUR GANZ ALLEINE!
AAAAAA
3+
TJA, WAS SOLL ICH SAGEN...
MEIN SCHICKSAL IST HEUTE WAHRHAFT TRAGISCH.
ICH BIN DER BESTE KLETTERER DER WELT.
UND ICH KANN WIRKLICH JEDE ROUTE KLETTERN,
... SOLANGE MIR KEINER DABEI ZUSCHAUT...
ICH SCHWÖRE ES!!!
FREESOLOBARFUßONSIGHT BEI VOLLMOND...
ÜBRIGENS: DIE ZWEITE BEGEHUNG DER „ACTION DIRECTE" HAB' IN WAHRHEIT ICH GEMACHT!
... UND KEINER WILL MIR GLAUBEN! ...
Ebse '98

PERSPEKTIVEN...

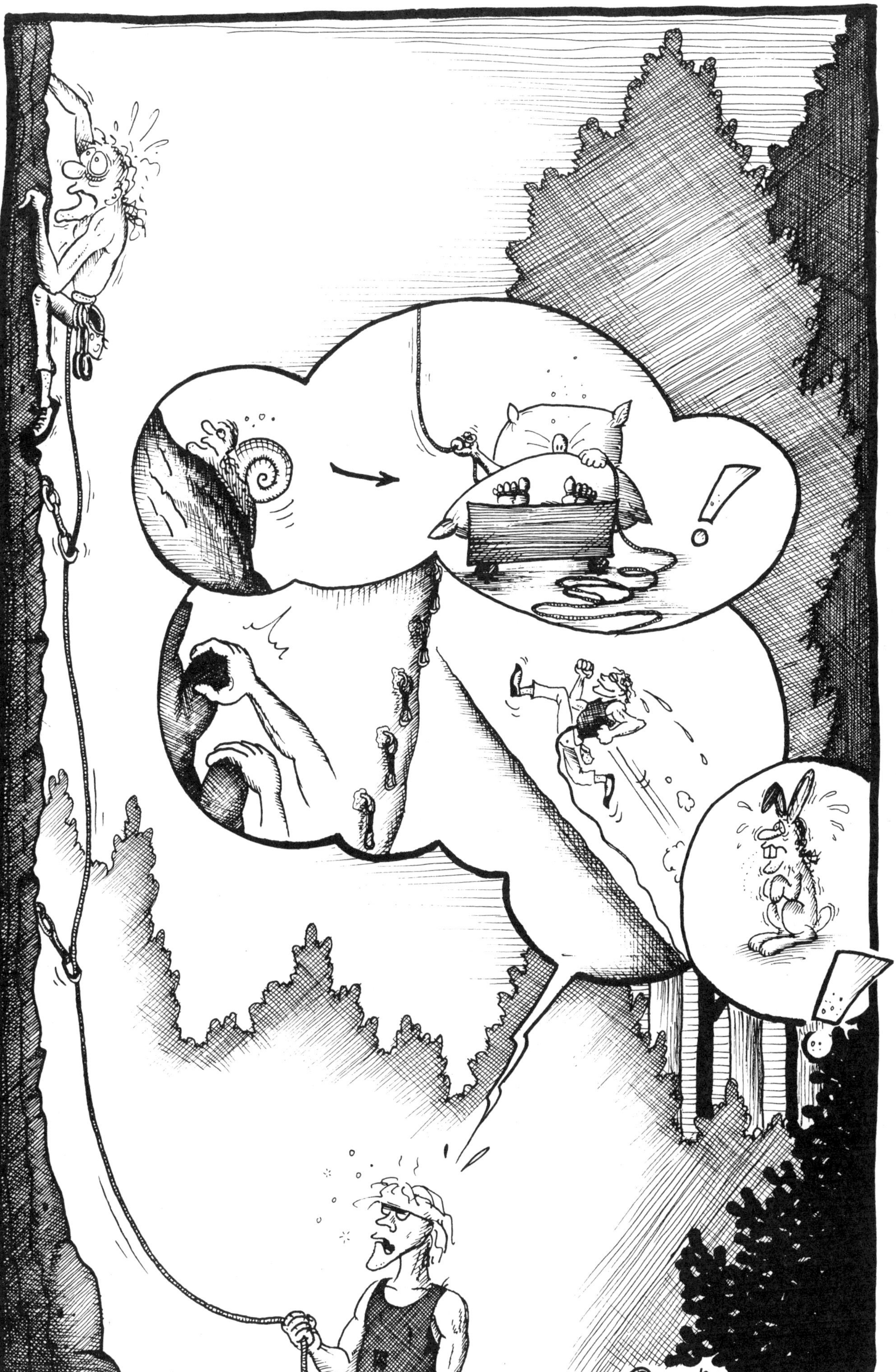

KRAFTAKT...
?..!
kg

TATSACHE ...
IM ALPINISMUS GIBT'S EINFACH VIEL MEHR AB-GERISSENE TYPEN ALS BEI UNS SPORTKLETTERERN ...
Erbse '98

THINK PINK. LEAVE YOUR MARK. CHOOSE. BE DIFFERENT.
THINK PINK IS NOT FASHION. IT IS A WAY OF LIFE. THINK PINK IS FREEDOM TO THINK.

=1A!
=A1!!

KEILE SACHE ...
SO'N RIß, KERZENGERADE DURCH DEN FELS - OHNE BOLTS, OHNE NIX - IM TRADITIONELLEN STIL, DAS BRINGT'S!! - GEILE SACHE!
»CLEANCLIMBING« - DAS IST EIGENTLICH DAS RICHTIGE KLETTERN!! ANSPRUCHSVOLL FÜR KÖRPER UND GEIST!
DAS SETZT SCHON EINE GEWISSE MEISTERSCHAFT UND SOUVERÄNITÄT VORAUS!
Um von selbstgelegten Klemmkeilen weit wegklettern zu können,ist selbstverständlich das Vertrauen in die Haltekraft von Keilen absolute Grundvoraussetzung.
(GÜLLICH/KUBIN 1986)
Ä-HM ... ALSO MAN HOFFT HALT, DAß UNS GRAD' KEINER ZUSCHAUT ...
Cruse '96

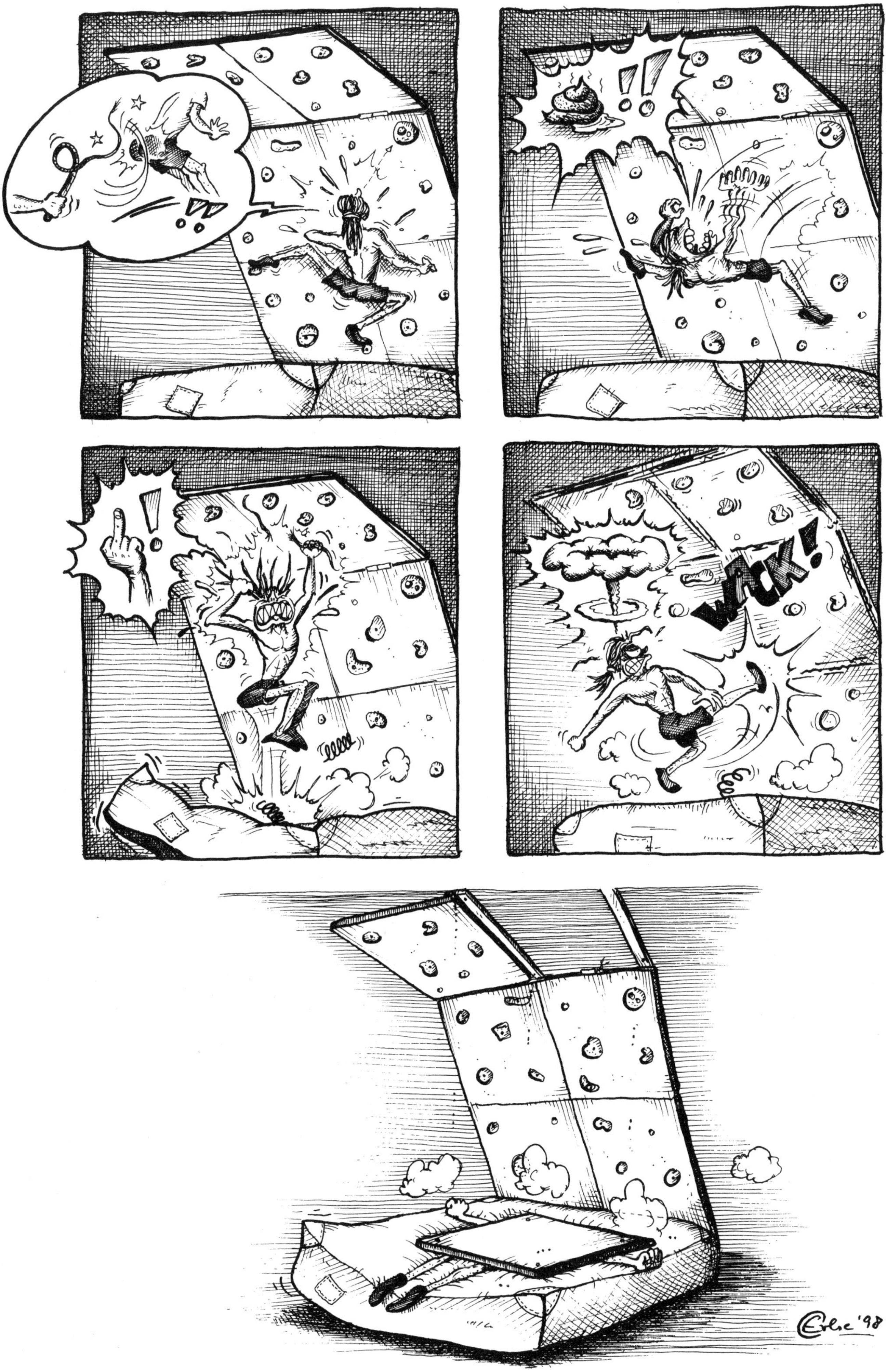

!!
!!
!
WACK!
Erbe '98

AUCH DER KREATIVSTE TECHNOFREAK STÖßT EINMAL AN DIE GRENZEN SEINES BIGWALL KNOW-HOWS ...

VERSCHIEDEN UND DOCH GLEICH...
WIE,- KEIN MENSCH DA?!
?!
HM
DAS GIBT ALSO 'NEN KLETTER-TAG MIT FREUND JÜMAR...
DOCH HALT! DA TUT SICH WAS!
KNACK HACK & BRECH & PRASSEL
GRÜẞ GOTT
?
ÄH ... TAG ... WAS, WER BIST ... WAS MACHST DU DENN DA ...
NA, ICH GEH' BERGSTEIGEN. KLETTERN HALT!
SO? NA, ICH AUCH! UND MIR FEHLT NOCH 'N SEILPARTNER ... TUN WIR UNS DOCH EINFACH ZUSAM-MEN!

NA KLAR! MIT NEUEN KAMERADEN HOCH AUF STEILEN PFADEN!
HÖHÖ
HIER? HIER KANN MAN DOCH GARNICHT KLETTERN!
KENNST DU DICH HIER AUS?
ICH WILL NOCH WEITER TALAUFWÄRTS!
TALAUFWÄRTS?? ABER DA IST DOCH NIX MEHR! DA KANN MAN DOCH GARNICHT KLETTERN!!
...
...
VORSCHLAG: LAß UNS ERSTMAL HIER WAS MACHEN
UND NACHHER SCHAUN WIR TALAUFWÄRTS!
INTERESSIERT MICH AUCH, WO DU DA HINWILLST.
GUT KAMERAD!

LAß UNS HIER ANFANGEN. DIESE ROUTE IST EIN ECHTES SCHMUCKSTÜCK!
DA HOCH?!? HEILIGER STROHSACK...
DAS IST JA MINDESTENS 6+A2!
NEE DU, DAS IS' NE 1A8-*!
...NAJA, MIT DEINER MONTUR EHER 8+...
* OK OK, DER WITZ WAR SCHON MAL DRANN... SORRY!!
NA, MACH' NUR SPRÜCHE, DU MIT DEINEM SUPERSOFTEN GÜRTCHEN DA...
GUT, - LAß' MICH AB!
AH GELL! JETZT MERKST DU AUCH, DAß DU DEINEN HELM VERGESSEN HAST!
HELM? WIESO HELM!
NE, HIER IST DIE ROUTE ZUENDE.

DANACH IST DAS GELÄNDE AUCH NICHT MEHR INTERESSANT!
!??
DAS IST JA ERSTAUNLICH... WIE HAST DU DAS DENN GEMACHT? ALLES FREI...!! ABER DANN HÖRST DU MITTENDRINN AUF...
...
VERTIKAL-INTERRUPTUS MIT HÖHE-PUNKTVER-ZICHT!
HÖHÖHÖ!
DIE ROUTE IST SCHON RECHT SO! UND ICH HOFFE, ES STÖRT DICH NICHT ZUSEHR, WENN ICH DICH MIM' ACHTER SICHERE!
NÖ
CLING
CLANG
CLONG
UND SINGEND FÄHRT DER HAKEN INS GEMÄUER!
DENGEL
SAG MAL SPINNST DU!!
DU KANNST DOCH NICHT EINFACH AM SCHLÜSSELGRIFF 'RUMHÄMMERN!!!
GRIFF? HIER IST KEIN GRIFF WEIT UND BREIT!
NAGUT, - SO WERDE ICH EBEN VOM BERG ABGESCHMET-TERT!
NANGA PARBAT, BERG UNSRER SEHNSUCHT, DIESMAL HAS DU GESIEGT!!
HÖHÖ

DAS IST SCHON SELT- SAM HIER! TOTALER ABEN- TEUERVERLUST DURCH BOHR- HAKEN...
ROUTEN- SCHÄNDER
...ABER DANN WIEDER UN- KLETTERBARE HAKENAB- STÄNDE!
NAJA, ABER'N NETTER SPIELPLATZ... ALS TRAINING FÜRS GEBIRGE SICHER AUCH NÜTZLICH!
JAJA, ALS TRAINING... LAß UNS MAL ZU DEINEM HEROEN- SCHLACHTFELD GEHEN!
NA DANN, - IM FRÜHTAU ZU BERGE!
HÖHÖ
?!
?!

SO, JETZT WIRDS ZEIT SICH ANZUSEILEN!
...DAS IST DOCH DIE REINSTE SCHOTTERHALDE!
ACH PAPP! ALLES GEWÖHNUNGSSACHE! ABER NIMM MAL MEINEN ERSATZHELM!
WAS'N DAS FÜR'N FILM...
HE! ICH SEH' AUF EINMAL DOPPELT!
AUßERDEM BRICHT DER BERG ZUSAMMEN!!
BONK
GANZ RUHIG BLEIBEN!
DAS EINE NENNT MAN „DOLOMITISCHE GESTEINSKONSISTENZ"
DAS ANDERE DOPPELSEIL...
HÖHÖ
AUßERDEM KANNST DU NACHKOMMEN!!
WOW... HUT AB! DAS TEIL WÄR' ICH NIEMALS VORGESTIEGEN!

KAMERAD, FREU' DICH: JETZT KOMMT DAS VERTIKAL-QUATSCH-HORIZONTALHIGHLIGHT UNSERES TAGES!
HIGHLIGHT...
ALSO DAS IST DOCH EIN ELENDES GERAMPFE DA, MIT HAKEN, FIFFI & LEITER...
DABEI SIEHT DAS DACH EIGENTLICH GANZ MACHBAR AUS...
STAND! NACH-KOMMEN!
NA, DANN SCHAUN WIR MAL, WAS DA GEHT!
JESSESMARIE... DAS GING ABER RATZFATZ!?!
ZIEL
WACKER, WACKER, DAS SPORT-KLETTERFRÜCHT-CHEN...

DIE LETZTEN ERHABENEN SCHRITTE HIN ZUM GIPFELKREUZ !
5...4...3...
BERG HEIL, KAMERAD !
??
...2,26 STUNDEN, REIFE LEISTUNG !!
WIR SOLLTEN UNS AN DEN ABSTIEG MACHEN. DAS WETTER WIRD SCHLECHT !
PITSCH
RAUSCH
DA SPAREN WIR UNS SCHON DAS DUSCHEN ZUHAUSE !
HÖHÖHÖ

WELCH UNVERGLEICHLICHES ERLEßNIS!
...DAS IST GEWIßLICH WAHR...

DAS WAR EIN TAG... WAHNSINN ...
IRGENDWIE IST DAS SCHON EINE RUNDE SACHE, SO MIT AUF- & ABSTIEG, MIT GIPFEL & OBEN ANKOMMEN ...
AUCH DAS MIT DEM „SICHEREN STEIGEN" IM ÜBERHÄNGENDEN SCHOTTER IST JA GANZ BEEINDRUCKEND!
HÖHÖ
ABER WO BLEIBT DIE ESSENZ DES KLETTERNS? WO IST DAS BEWEGUNGSGEFÜHL & DIE ÄSTHETIK? WO BLEIBEN ELEGANZ UND ATHLETIK??
NAJA, ZUGEGEBEN, DAS IST SCHON TOLL, MIT EURER FREIKLETTEREI ... MANCHMAL KAUM ZU GLAUBEN, MIT DIESEM SPORTLICHEN MAXIMUM RUND UMS FINGERLOCH ...
ABER MIR FEHLT ...
DIE GESAMTHEIT DES NATURERLEBNISSES! WAS IST MIT WIND, WETTER & DEN ELEMENTEN?
DAS ZERBRECHLICHE, VERGÄNGLICHE INDIVIDUUM, DAS SICH SELBST BEGEGNET, WENN ES IN GEBIRGIGER ARENA MIT DER EWIGKEIT RINGT ...!
TJA... JEDEM DAS SEINE!
GENAU!
SCHUSTER BLEIB' BEI DEINEM LEISTEN!
HÖHÖ
CLOC

KLETTERN IST EINFACH
GEIL !

INNOVATIONEN...
?!
!!
ZIIP
FRIEMEL
MANTLE, DOPPELDYNA, FIGURE-OF-FOUR – DAS SIND ALLES ALTE HÜTE !!
©Erbse '98

MEIN ERSTER BOHR-HAKEN
ODER
„THE GUILTY OF HILTI"
HIER GEHÖRT ER HIN, DER ERSTE HAKEN...
SCHOTTER
... ACH DU LIEBE SCHEIßE ... WO IS'N DA JETZT DER HEBEL FÜR DEN RÜCKWÄRTSGANG ...
RATTER
??!
TJA ... DAS DÜRFTE DEN CHARAKTER DES EINSTIEGS WOHL LEICHT VERÄNDERN ...

SINNLOS...
ZUPP!
IRGENDWIE HAT DAS WAS RÜHRENDES, DIE SINNLOSIGKEIT IM TUN SOLCHER GEISTLOSEN WESEN...
Erbse '97

DER AZUSI
BLINZEL
RUAF
ZERR!
SPANN
HERRGOTTNOCHMAL, GIB DOCH SCHNELLER SEIL! KONZENTRIER' DICH DOCH BITTE!
JAJAJA, IS' JA GUT... !!
... DER HAT ABER AUCH IMMER WAS ZU MOTZEN!
UIII... !
FLUP
HUPS?!
ALSO DIR KANN MAN'S AUCH WIRKLICH NICHT RECHT MACHEN! ...

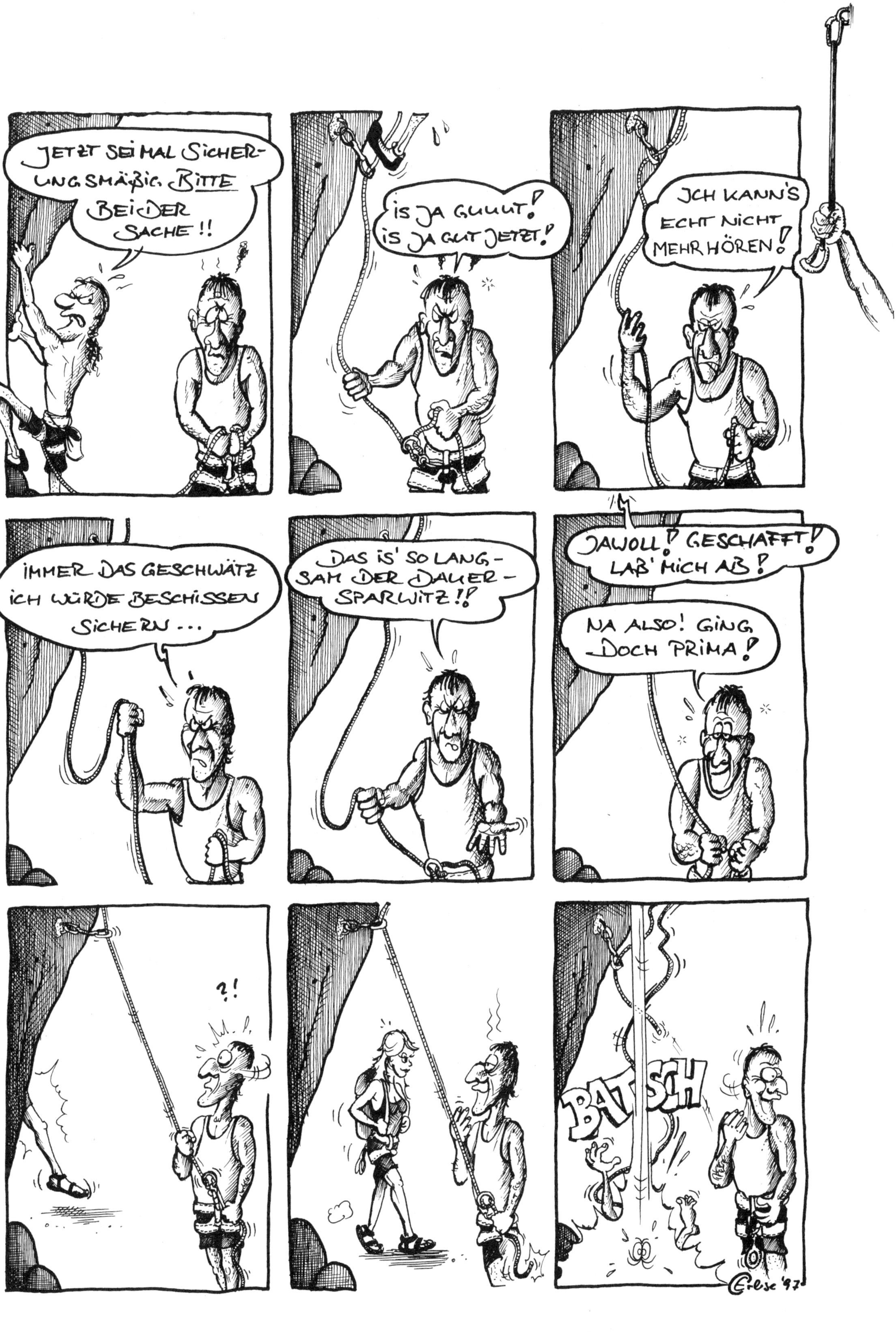
JETZT SEI MAL SICHERUNGSMÄßIG BITTE BEI DER SACHE !!
IS JA GUUUT! IS JA GUT JETZT!
JCH KANN'S ECHT NICHT MEHR HÖREN!
IMMER DAS GESCHWÄTZ ICH WÜRDE BESCHISSEN SICHERN ...
DAS IS' SO LANGSAM DER DAUERSPARWITZ!!
JAWOLL! GESCHAFFT! LAß' MICH AB!
NA ALSO! GING DOCH PRIMA!
?!
BATSCH
Grieser '97

Red Chili AUF REZEPT...

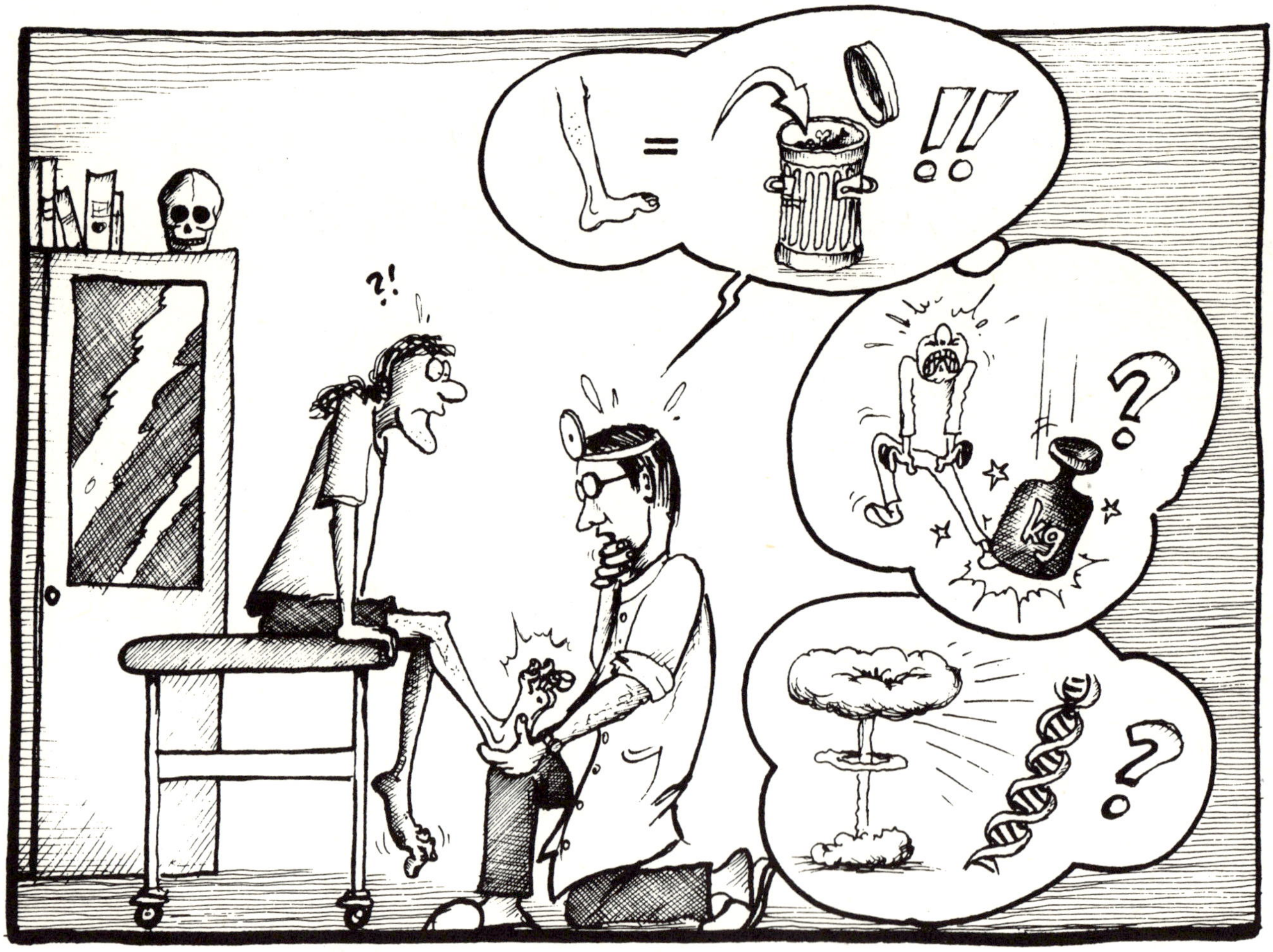

©Else '97

DER STRESSER ... THE SAME PROCEDURE AS EVERY YEAR

WENN DU IM WINTER ANSTÄNDIG TRAINIERT HAST, KANNST DU MIT MIR JEDE MENGE SPAß HABEN !
DU WIRST SEHEN !
... NA PRIMA !
GENAU DARUM DREHT SICH'S !
ICH WILL SPAß HABEN AM KLETTERN UND HIER KEINEN KONTEST MACHEN !
NA KLAR, - DAS SEH' ICH GENAU SO.
SCHWIERIGKEITSGRADE SIND OHNEHIN VÖLLIG ZWEITRANGIG !
KLETTERN IST JA SO VIEL MEHR, ODER ?
WAS ZÄHLT IST DIE GUTE STIMMUNG AM FELS, - DIE KLETTERKOLLEGEN ...
DIE ÄSTHETIK EINER BESTECHENDEN LINIE ...
A PROPOS ...
DAS HIER IST UNSER WARM-UP !
IS' SUUUPERSCHÖN, DIE ROUTE !!
SUUPER ...
... VOLL GRIFFIG !
HUCH ?

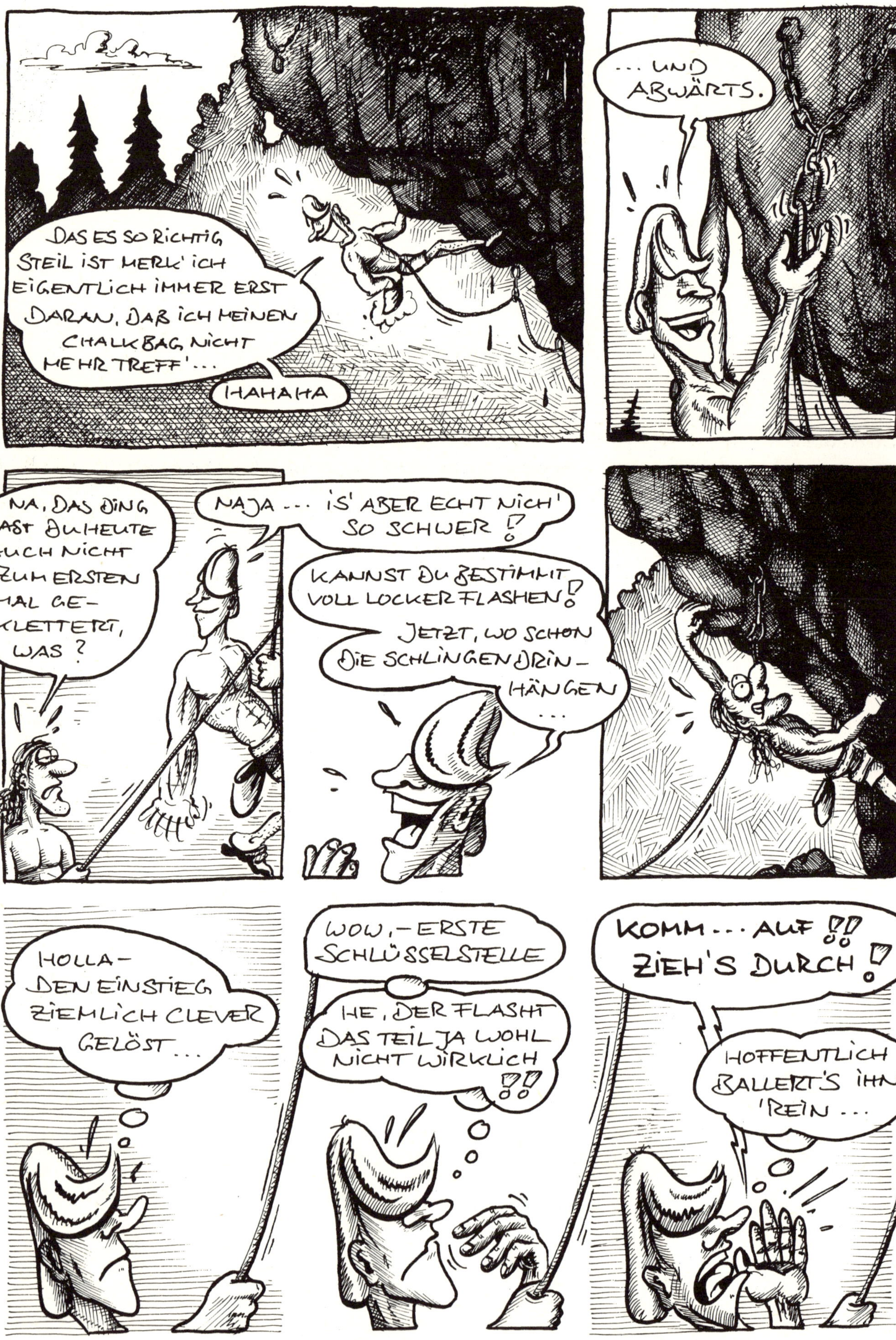
DAS ES SO RICHTIG STEIL IST MERK' ICH EIGENTLICH IMMER ERST DARAN, DAß ICH MEINEN CHALKBAG NICHT MEHR TREFF'...
HAHAHA
... UND ABWÄRTS.
NA, DAS DING HAST DU HEUTE AUCH NICHT ZUM ERSTEN MAL GEKLETTERT, WAS ?
NAJA ... IS' ABER ECHT NICH' SO SCHWER !
KANNST DU BESTIMMT VOLL LOCKER FLASHEN!
JETZT, WO SCHON DIE SCHLINGEN DRINHÄNGEN ...
HOLLA - DEN EINSTIEG ZIEMLICH CLEVER GELÖST ...
WOW, - ERSTE SCHLÜSSELSTELLE
HE, DER FLASHT DAS TEIL JA WOHL NICHT WIRKLICH !!
KOMM ... AUF !! ZIEH'S DURCH !
HOFFENTLICH BALLERT'S IHN 'REIN ...

SCHADE ...
SO KNAPP
WIRKLICH SCHADE!
WARM UP, DU SCHERZKEKS!
DAS DING IS' LOCKER NEUN!?!
NEUNMINUS.
UND AUCH NACH MIR GABS DA SCHON DURCHAUS DIE EIN- ODER ANDERE ONSIGHT-BEGEHUNG ...
KÖNNEN WIR NICHT ZUNÄCHST MAL WAS MO-DERATERES MACHEN ?!
NUNJA, DAS GEHT SCHON ... DA HINTEN, BEI DEN BEIDEN BABIES, DA HAT'S 'N PAAR SOFT-TOUREN.
G'RAD NICHT BESON-DERS GUT DRAUF, WAS KOLLEGE ?
HALLÖCHEN, IHR BEIDEN HÜB-SCHEN ...
Nuuu
HÄ
ES STIMMT TATSÄCHLICH: BIS VOR DREI TAGEN LAG' ICH NOCH MIT GRIPPE IM BETT!
DU ÄRMSTER ...
HE, - WOLLT IHR DA EINSTEIGEN ??
IHR WIßT, DAß DAS TEIL 7A IST ?!?
!!?
JAA, DAS WISSEN WIR ...

KRANK WARST DU ALSO..
DA FÄLLT MIR EIN: NACH MEINER LETZTEN TRAININGSSESSION DACHTE ICH AUCH ZUERST, ICH HÄTTE GESCHWOLLENE LYMPHKNOTEN
...ABER DANN WAR'S DOCH BLOß MEIN LATISSIMUS...
OUUU... ACHTERSICHERUNG... DU WEIßT SCHON, WIE MAN DAMIT RICHTIG UMGEHT ?!?
LAß' MICH SOFORT AB!!
TYP, HALTS MAUL UND VERZIEH DICH
HUCH! NICHT SO STÜRMISCH, MÄUSCHEN...
ZACK
CHAUVI-ARSCHLOCH
ÄH... MOMENT...
KÖNNTE ICH VIELLEICHT BEI EUCH MITKLETTERN... MICH ANSCHLIEßEN...
Erbse '98

ALPINE GEFAHREN...
HEUTE, MIT EINEM GEWISSEN ABSTAND, KANN ICH SAGEN, ES WAR EINER DER SCHWÄRZESTEN TAGE IN MEINEM LEBEN ALS BERGSTEIGER...
WIR WAREN VIEL ZU SPÄT DRAN – ERST AM MITTAG HATTEN WIR DIE HÜTTE ERREICHT... UND DIE BEDINGUNGEN WURDEN IMMER MISERABLER...
ICH HAB NOCH GESAGT: JUNGS, DAS HAT DOCH KEINEN SINN, HEUTE...
JA UND DANN?..
NA, DANN IST DIE KOMPLETTE JUNGMANNSCHAFT DER SEKTION ABGESTÜRZT...
JESSES!
ABER... DAS IST JA GRAUENHAFT!!
UND WIE KONNTET IHR DAS ÜBERLEBEN?
WAHRLICH.
MIT'N PAAR SCHACHTELN ASPIRIN AM NÄCHSTEN TAG.

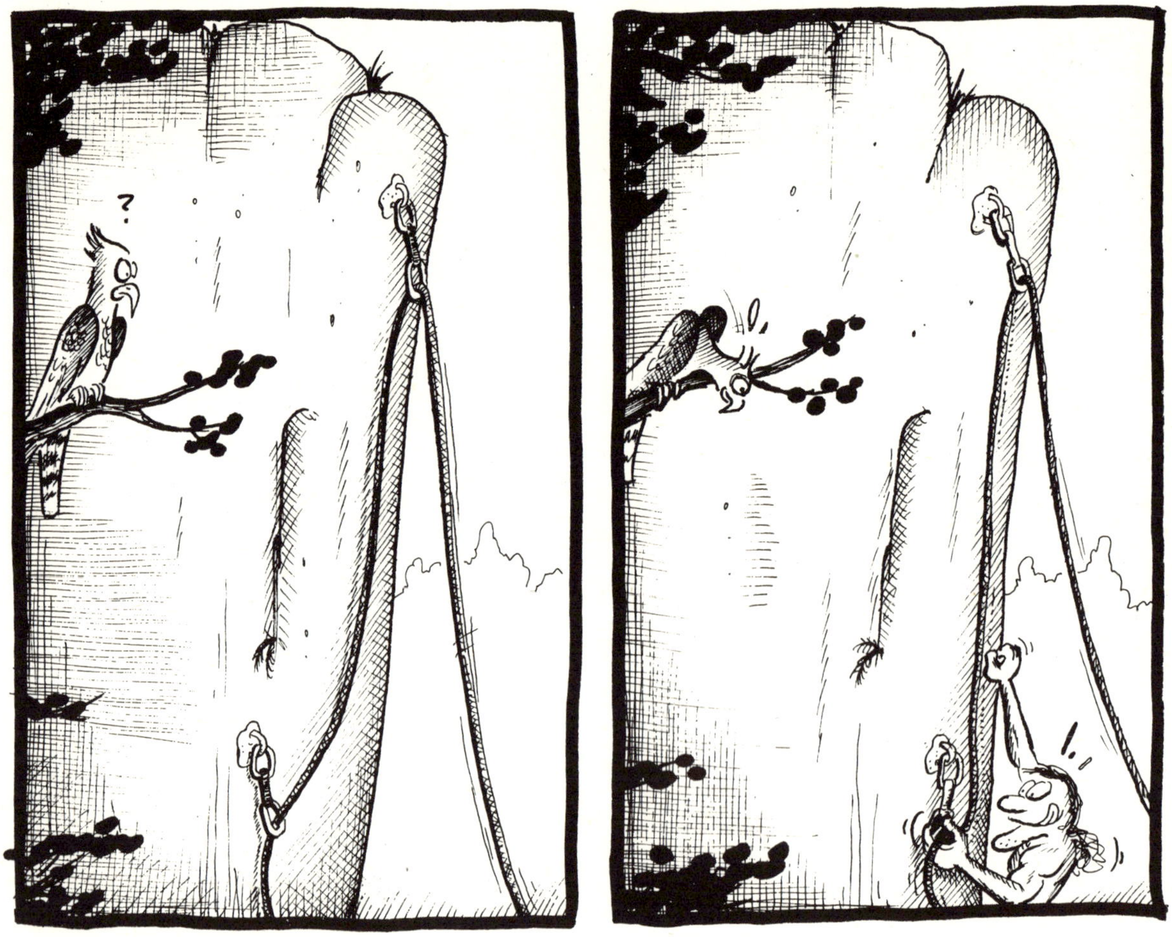

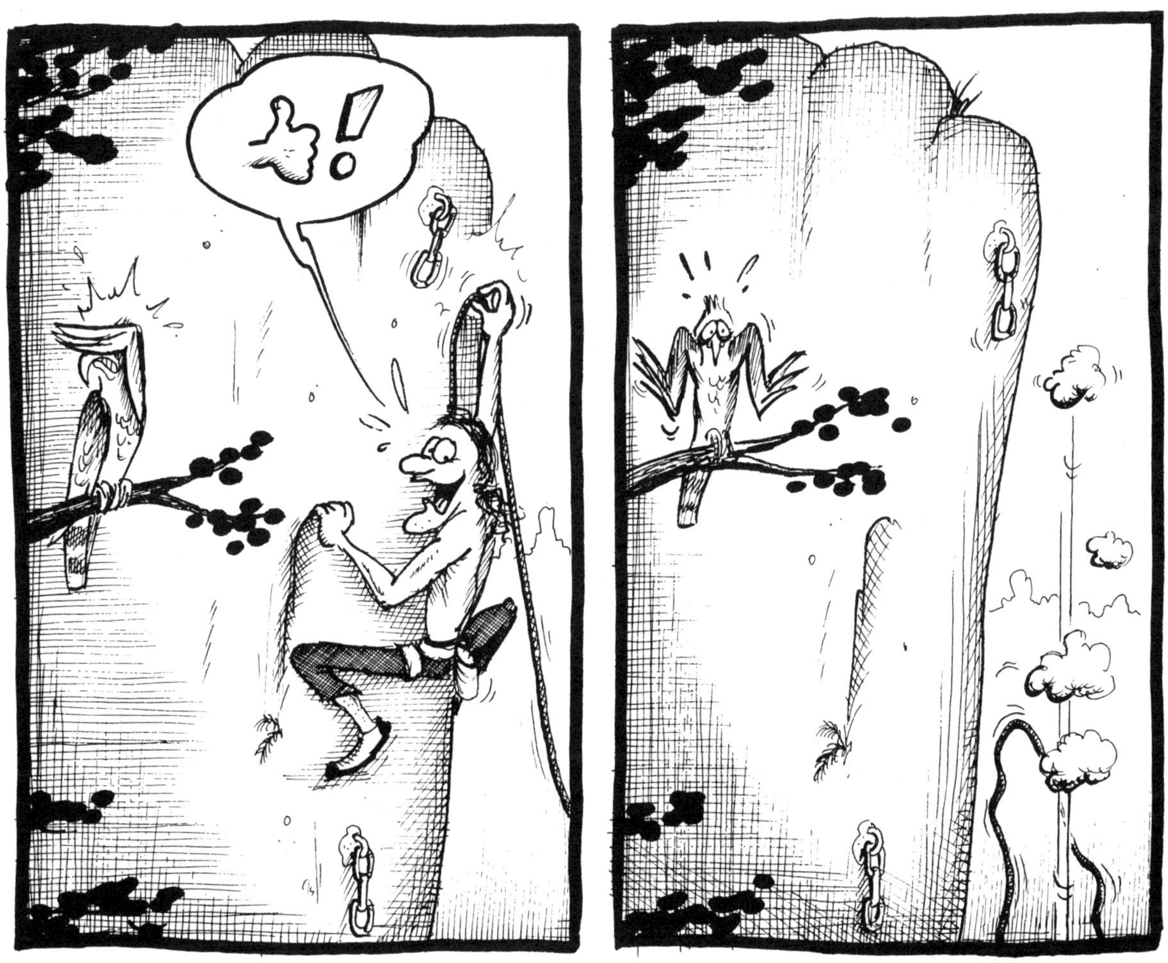

NA, ALSO GANZ SO BLÖD' BIN ICH DANN DOCH NICHT!
Eulse '97

DIE KÖNIGSDISZIPLIN...

STAND!!
Bssss
SEIL FREI!...

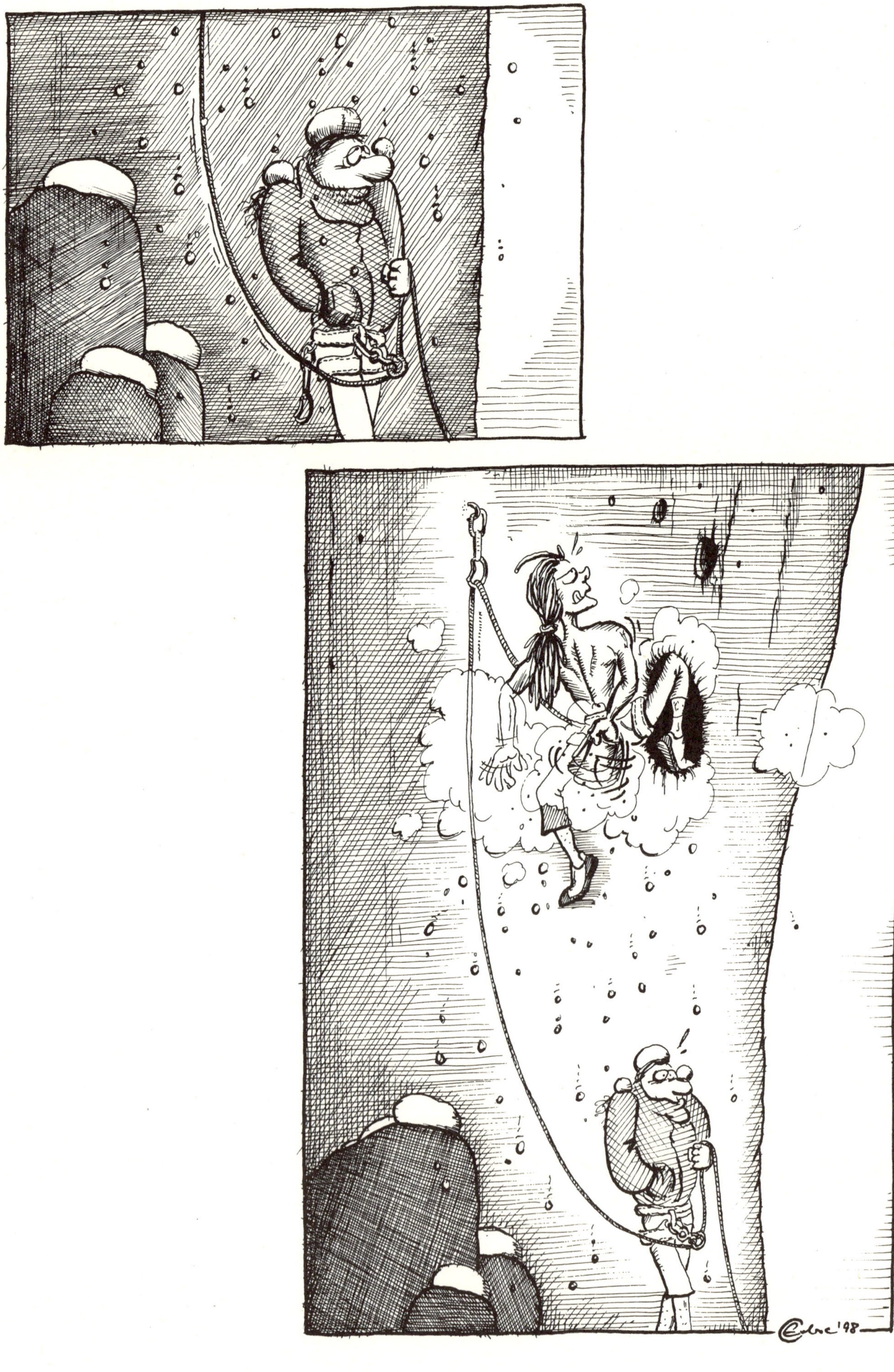

KNAPP VORBEI AM
HÖHEPUNKT...
OH ... AAH ... OH!
SCHNAUF HECHEL
JAAAA, DAS MACHST DU GUUUT!
?
OJA ... STÖHN
GELL, DU PAßT AUCH AUF!
ABER JA! NUR KEINE ANGST...
AAA ... ACHTUNG, ICH KOMME!!!
LAß' DICH EINFACH FALLEN!
RASCHEL
PUH ...
!!
??
Eule '98

HE! KENNT IHR EIGENTLICH MEINEN ERSTEN KLETTERCOMICBAND?
SAUBÄR
NEINNEINNEIN, DAS LÄUFT HIER JETZT NICHT AUF IRGENDEINE PLUMPE WERBUNG 'RAUS
OBWOHL DAS DING ECHT GUT IST!!
NE, ICH WILL MICH EHER BEDANKEN!
DENN ICH HAB DAMALS IN DER LETZTEN STORY VOM ERSTEN BAND DEM GENEIGTEN PUBLIKUM INS GEWISSEN GEREDET, DAMIT DAS BUCH NICHT NUR GELESEN, SONDERN AUCH GEKAUFT WIRD!
UND IHR HABT ZUGEGEBENERMAßEN RECHT BRAV GEKAUFT!
DAS DING GING SOGAR IN DIE ZWEITE AUFLAGE.
MERCI, VIELEN DANK!
...DENN SO KONNTE ICH MIR NACH MONATELANGEM ZEICHNEN MEINEN ERSEHNTEN UND WEIß GOTT HART VERDIENTEN RELAX-REGENERATIONSTRIP NACH PHRA NANG LEISTEN!!
UND SO GING ICH AUF GROßE FAHRT
EIGENTLICH HATTE ICH FEST VOR, EUCH EINEN COMIC ÜBER DIESEN TRIP ZU ZEICHNEN...
MEKONG
DARAUS WURDE ALLERDINGS NIX ... ES GIBT DINGE, DIE KANN MAN UNMÖGLICH IN BILDERN UND SPRECHBLASEN AUSDRÜCKEN!

DAS UNGESCHICKTE MIT DEM GELD IST ABER, DAß ES WEG IST, WENN MAN ES AUSGEGEBEN HAT ...
DEMENTSPRECHEND STAND ICH NACH MEINER RÜCKKEHR DA:
IM KURZEN HEMD UND VÖLLIG BLANK.
ABER MAN MUß SICH ZU HELFEN WISSEN ...
DIE NÄCHSTE CHANCE WAR BEREITS IN SICHT ...
EINEN SCHEIN HATTE ICH NÄMLICH NOCH IN PETTO:
KEINEN BLAUEN, KEINEN BRAUNEN ...
SONDERN EINEN VOM DEUTSCHEN ALPENVEREIN!
ICH BIN NÄMLICH EINE GEPRÜFTE FACHÜBUNGSSPORTKLETTERLEITER!
ZUKUNFT SCHÜTZEN
DAV
FACHÜBUNGSLEITER
UND WEIL DIESES WORT SO UNGEHEIN KOMPLIZIERT IST, HEIßT DAS HEUTE NUR NOCH: „TRÄNER ZEH"!
... MUß IRGENDWIE MIT DEN FEUCHTEN AUGEN BEI ZU ENGEN SCHUHEN ZU TUN HABEN ...
ABER WIE IMMER DEM AUCH SEIN MAG: MIT DIESEM SCHEIN IST MAN KLETTERLEHRER!
HOCHSCHUL SPORT
SEKRETARIAT
DU HOCHSCHULSPORT SCHEFF?
ÄH ... JA ...
GUT! ICH NEUER KLETTERLEHRER!
SO?
JA!

ICH HABE MEINEN SPORTÜBUNGSKLETTERNFACHLEITER-LEHRGANG MIT AUSZEICHNUNG ABSOLVIERT, – MEINE DOZENTEN BESCHEINIGEN MIR IN JEDER HINSICHT AUßERORDENTLICHE SOZIALE UND FACHLICHE KOMPETENZ !
BEI MEINER KURS-KONZEPTION STEHT DIE SICHERHEIT DER TEIL-NEHMER SELBSTVERSTÄNDLICH AN ERSTER STELLE. LERNZIELE SIND PRIMÄR EIN SOLIDES BASISWISSEN AN SICHERUNGS- UND KLETTERTECH-NIK. MIT DIESEM FUNDAMENT SOLLEN DIE KURSTEILNEHMER NACH ABSCHLUß DER LERNEIN-HEITEN IN DER LAGE SEIN, DEN KLETTERSPORT SELBST-STÄNDIG UND VERANTWORTUNGSBEWUßT ZU BETREIBEN. JEDOCH AUCH SOZIALE UND ÖKOLOGISCHE ASPEKTE HABEN IHREN NICHT WEGZUDENKENDEN STELLENWERT IN MEINER KURSKONZEPTION !
AUßERDEM KANN ICH BOCKSTARK KLETTERN !!
PIIIK
NAJA ... DAS KÖNNEN WIR JA MAL VERSUCHEN, MIT IHNEN ...
ES DÜRFTE EUCH KAUM ENTGANGEN SEIN, DAß DAS ALLES NATÜRLICH NUR SAUDUMMES GESCHWÄTZ IST !
HINTER SO DIDAKTISCHEM GE-BLUBBER VERSTECKT SICH NÄMLICH
DIE EIGENTLICHE INTENTION DES KLETTER-LEHRERS !!
NÄMLICH:
„KLETTERN GEHEN UND DAFÜR AUCH NOCH BEZAHLT WERDEN..."
100,- 200,- 300,- ...
HE, SEID IHR BALD MAL FERTIG MIT DER KOCHEREI ?!
„ZU ZEIGEN, WAS MAN FÜR EIN TOLLER HECHT IST UND ALLEN TEILNEHMERIN-NEN DAS HERZ ZU BRECHEN ..."
UND DAS WICHTIGSTE: „DAFÜR ZU SORGEN, DAS NACH KURSENDE KEINER JEMALS WIEDER KLETTERN GEHT !
VORWÄRTS, SONST GIBTS SCHLAPP-SEIL !
MAN WILL JA SCHLIEßLICH SEINE RUHE HABEN IM HEIMISCHEN KLETTER-GARTEN !!

DIE REALITÄT SAH' DANN ZUGEGEBENERMAßEN ETWAS ANDERS AUS ...
?!
WAS BIST DUU ?!? UNSER KLETTERLEHRER ?!
IS'N WITZ, WAS ?
HIPPY...
WAS IS', FANGEN WIR ENDLICH AN ?! ICH HAB SCHLIEßLICH BEZAHLT, HIER !
RÜLPS
SEUFZ ...
ANIMATEUR, ES LANGWEILT MICH !!
CRUNCH
HE, MÖSSIÖH ! TROIS BIÈRE EN PLUS AUF KOSTEN DE NOTRE KLETTERLEHRER !
100
... UND DAMIT NICHT GENUG ... HÄTTE ICH GEAHNT, WAS SOLCHE KURSE FÜR WEITREICHENDE KONSEQUENZEN HABEN ...

HE, DAS IST DOCH DER HANSWURST VOM HOCHSCHUL-SPORT!
KANNST DU UNS MAL DA'S SEIL 'REIN-HÄNGEN?
IS' MIM' ACHTER SICHERN JETZT EIGENT-LICH OK ODER NICHT?!
DU ZAHLST UNS DOCH NACH-HER 'NE RUNDE, ODER?
ACH, ÜBRIGENS, DER SCHUH, DEN DU MIR ANGEDREHT HAST, IST IM LADEN 20 MARK BILLIGER!!
ICH MUSS DIR DA NOCH WAS SAGEN:
DU, ERBSE, WART MAL KURZ...
SEIT UNSEREM KURS IST MEINE REGEL ÜBER-FÄLLIG...
...UNTER DIESEN UMSTÄNDEN IST ES NATÜRLICH AUSGESCHLOSSEN, DAß SIE NOCH WEITERHIN FÜR UNS TÄTIG SIND.
ICH BRAUCH' GANZ SCHNELL EINE GUTE IDEE, WIE ICH AN GELD KOMM'...
DAV
ERCOMICS
PANICO
Mittelloser Sportkletterer bittet um Unterstützung
SAUBER
Erbse '98

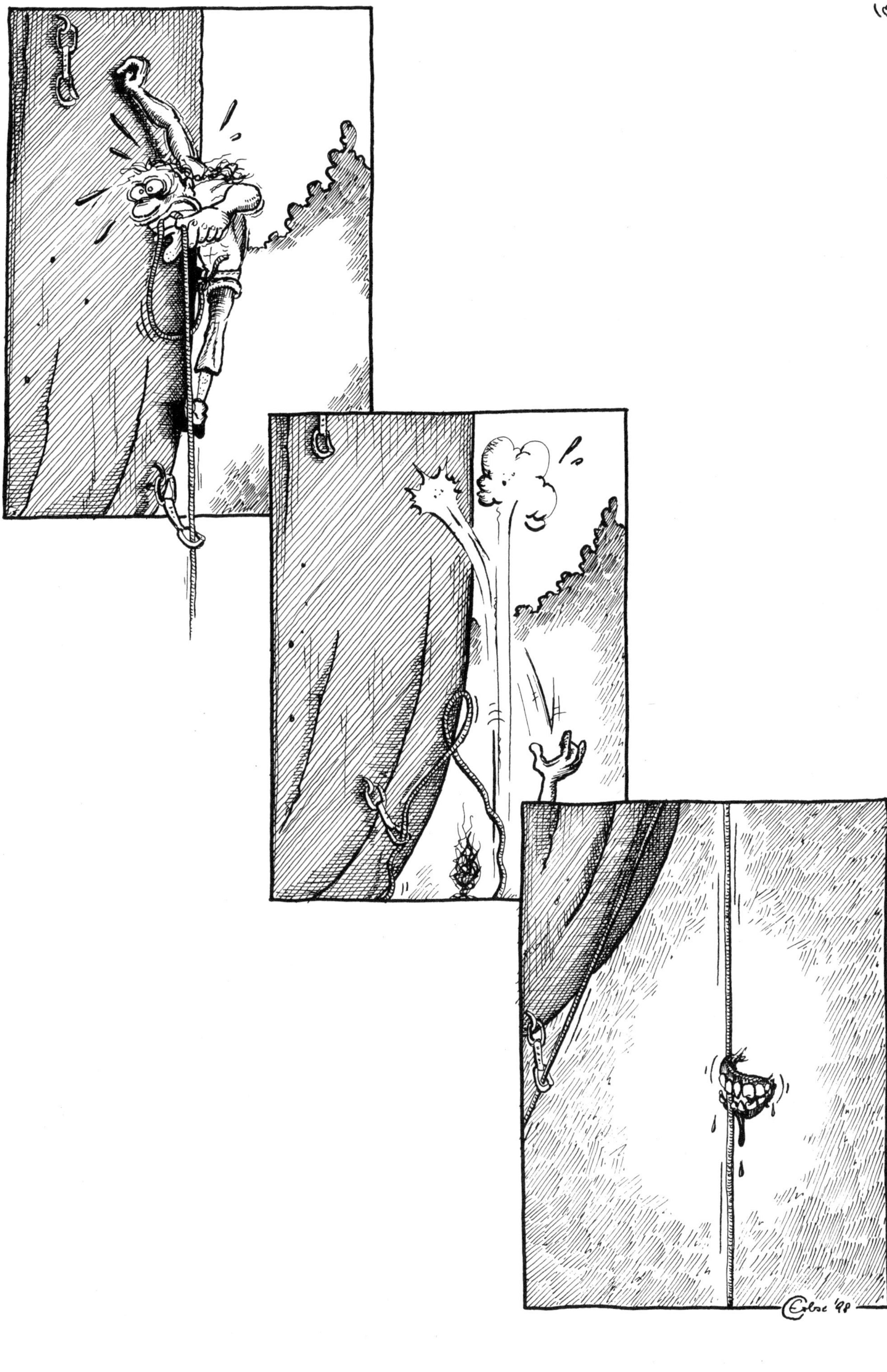

SPORTMUTANTEN ...

IN EIGENER SACHE...
DING DONG
CLIC
HOME, SWEET HOME
GUTEN TAG...!
MEIN NAME IST ERBSE
SIE DÜRFTEN MICH KENNEN...
JETZT STELL' DICH NICHT SO BLÖD AN, DU HAST DOCH DEN COMICBAND GELESEN!
ALSO NICHT SO UNHÖFLICH!
AUF GEHT'S, HAND GEBEN!
HIER DEN ZEIGEFINGER DRAUFDRÜCKEN! UND SCHÜTTELN!
NA ALSO, GEHT DOCH!
GUTEN TAG!
DA SIE JA WOHL EIN KIND UNSERES ABENDLÄNDISCH-CHRISTLICH GEPRÄGTEN KULTURKREISES SIND, GEHE ICH DAVON AUS, DAß SIE EIN NÄCHSTENLIEBENDER, GÜTIGER UND HILFSBEREITER MENSCH SIND...
NUN HABE ICH IHNEN JA DIE DRAMATIK MEINER DERZEITIGEN LEBENSUMSTÄNDE IM COMIC BEREITS GESCHILDERT...
UND IN DER GRÖßTEN NOT BRACHTE MICH EIN TREUER KAMERAD AUF DIE ENTSCHEIDENDE IDEE...
ALEX, KOMM' DOCH GRAD' MAL HER!

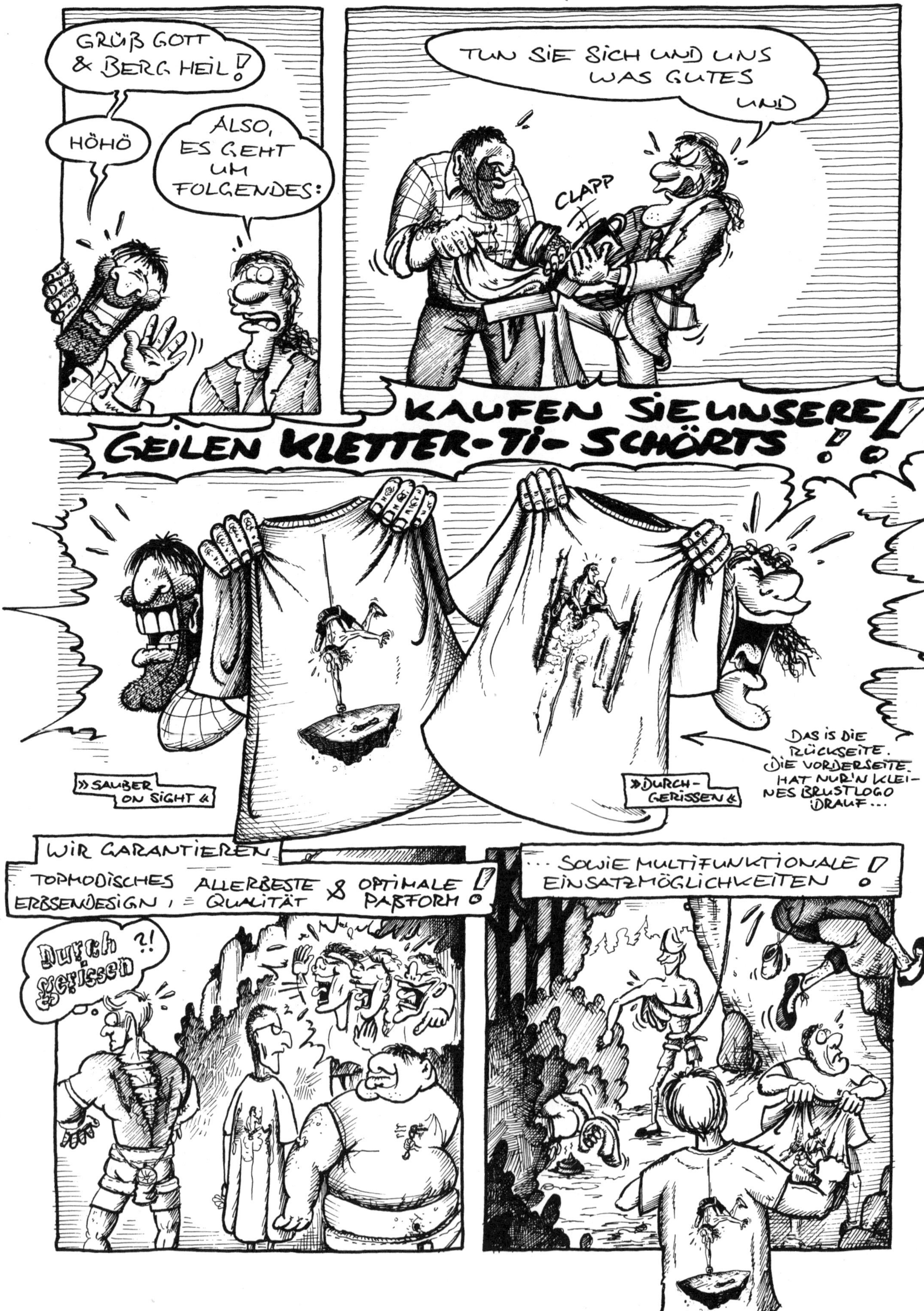
GRÜẞ GOTT & BERG HEIL!
HÖHÖ
ALSO, ES GEHT UM FOLGENDES:
TUN SIE SICH UND UNS WAS GUTES UND
CLAPP
KAUFEN SIE UNSERE GEILEN KLETTER-TI-SCHÖRTS!!
»SAUBER ON SIGHT«
»DURCHGERISSEN«
DAS IS DIE RÜCKSEITE. DIE VORDERSEITE HAT NUR'N KLEINES BRUSTLOGO DRAUF...
WIR GARANTIEREN TOPMODISCHES ERBSENDESIGN, ALLERBESTE QUALITÄT & OPTIMALE PAẞFORM!
Durchgerissen?!
...SOWIE MULTIFUNKTIONALE EINSATZMÖGLICHKEITEN!

Wie einem Sportkletterer ein Sechstausender passierte

Ich bin Sportkletterer.

Wenn ich mich als solcher in der Öffentlichkeit zu erkennen gebe, geschieht es regelmäßig, dass mich der unwissende Pöbel umgehend für einen Perversen hält, der in schwindelnder Höhe ungesichert an den Fingerspitzen hängt.
Ich hasse das. Wenn ich dann erkläre, dass Klettern eine ganz normale, seriös zu betreibende Sportart ist, kommt immer die verständnislose Frage. "Wieso?! Ich denke du machst Frieklaimbing!" Dann sage ich schon gar nichts mehr.
Aber fast noch schlimmer sind die Zeitgenossen, die in solch einer Situation interessiert und wissend schauen und dann fragen: "Wie hoch war denn dein höchster Berg?"
Aua!
Ich bin Sportkletterer. Ich betreibe eine kraftvolle Bewegungskunst in sonnenwarmem, genussvoll-lockerem Ambiente und habe mit bärbeißigen Yetirittern, die sich keuchend auf den Dächern der Welt die Endglieder ihrer Extremitäten abfrieren, rein gar nichts gemeinsam!

Und jetzt ist es mir passiert, Entschuldigung. Ich stand auf einem Sechstausender. Ich kann es mir auch nicht so recht erklären.

Vielleicht hat es was mit dem Älterwerden zu tun. Zum ersten Mal seid über zehn Jahren ließ ich mich auf eine Reise ein, die nicht unter dem Primärziel Klettern stand. Der Besuch bei einem Freund, der seit letztem Sommer in Ecuador arbeitet, wurde zum Anlass, dieses Land zu bereisen. Über Klettermöglichkeiten war nichts Vernünftiges zu erfahren. Sei's drum, Gurt und Schlappen kamen auf jeden Fall mit in den Rucksack, man kann ja nie wissen.
Natürlich, ich wollte draußen unterwegs sein, das Treckingzeug war also auch dabei.

Ich landete in Quito, der Hauptstadt. Hier spielt sich der Alltag auf fast dreitausend Metern ab. Ich kriegte erst einmal keine Luft und sofort einen Sonnenbrand.
Und wo immer ich auch im Anschluss herumreiste, es gab nur bröselig-brüchiges Gestein.
Dennoch, ich konnte es nicht leugnen, die Anden gefielen mir! Die Landschaft breitete sich in großzügiger Weitläufigkeit, in weiten Teilen bewirtschaftet, wie ein malerischer Flickenteppich vor mir aus. Und wenn das Wetter stimmte, sah ich die eisbedeckten Häupter der großen Vulkane in den Himmel ragen. Wunderschön!

In Banos lernte ich Karen aus Holland kennen, und wir beschlossen, gemeinsam auf die Schutzhütte des Tungurahua zu steigen. Nicht, dass wir irgendwelche Bergsteigerambitionen gehabt hätten, um Gottes Willen! Der Gipfel ist eh tabu weil dieser Vulkan schwer aktiv ist. Aber sich genau diese Aktivität etwas näher anzusehen, fanden wir spannend. Zudem hätte man da oben bestimmt eine famose Aussicht!
Es mag an der unbestreitbaren Dopingwirkung meiner attraktiven Begleitung gelegen haben, aber die 2000 Höhenmeter zur Schutzhütte erstiegen sich ohne größere Probleme. Und die dünne Luft auf knapp 4000 Meter Höhe machten mir offensichtlich inzwischen nichts mehr aus.
Was mich aber ernsthaft irritierte war der eigenartige Sog, den der nun doch in relative Nähe gerückte Gipfel entwickelte. Da oben zu stehen müsste irre sein!
Aber dann grollte der Berg und stieß seine Aschewolken in die Luft, und es war offensichtlich: Um da oben zu stehen, müssten wir irre sein!
Dennoch, da blieb etwas Unbefriedigtes, als wir anderntags wieder ins Tal abstiegen, und das hatte nichts mit Karen zu tun.

Einige Tage später reiste ich mit dem Bus von Banos Richtung Riobamba. Der Tungurahua zeigte sich in selten schöner, vollkommen wolkenfreier Pracht. Eine von der untergehenden Sonne rot beschienene Rauchfahne stieg in den Abendhimmel. Und ich hatte mich offensichtlich verliebt. Gar nicht mal so sehr in Karen. Ständig musste ich zurückblicken nach dem Berg, der in der Ferne und inzwischen im Vollmondlicht immer noch zu sehen war. Dann wanderte der Blick zufällig auch mal zur anderen Seite des Busses in die Nacht hinaus. Und da lag er im fahlen Licht: Der Chimborazo mit seinem mächtigen, eisbedeckten Rücken! Der König, der Riese, mit 6310 Metern der höchste Berg Ecuadors! Ich glaube, so schnell habe ich mich noch nie umverliebt, und jetzt war's auch noch ein Er... Offensichtlich war es an der Zeit sich auf was ganz Neues einzulassen. Ich wußte augenblicklich, verdammt noch mal, da musst du hoch, das wirst du versuchen!

In meiner Absteige in Riobamba musste ich den Namen Chimborazo nur erwähnen, und noch in der gleichen Nacht hatte mir der Hotelchef seinen Bergführer aufs Auge gedrückt. Dieser sichtete meine Ausrüstung und erachtete sie als gut, was mich lächerlicherweise mit Stolz erfüllte. Einzig die Steigeisen musste ich noch leihen. Auch noch 'nen Pickel, ich hatte immer gehofft, dieses Thema wäre mit Ende der Pubertät abgeschlossen gewesen.
Der Meister, er hieß Raúl, wollte die Aktion in knapp zwei Tagen durchgezogen wissen: Morgens Anfahrt zum Parkplatz bei der unteren Hütte auf 4800 Meter, Aufstieg zur

"Whymper"-Hütte, 200 Meter höher, und von dort um 23 Uhr den Gipfel in Angriff nehmen. Ziel sei der Gipfel Ventimillia, etwa 50 Meter niedriger als der Hauptgipfel. Morgens um 8 Uhr würden wir umdrehen, egal ob er dann erreicht wäre oder nicht. Das hörte sich knallhart kalkuliert an. Mich störte nicht, dass wir nicht den Hauptgipfel anvisierten, sondern eher, dass mein Berghengst offensichtlich erfahren war in dem Umstand, dass seine Kunden den Gipfel nicht erreichen. Zudem hatte ich irgendwo schon einmal den Begriff "Akklimatisation" gehört, und dazu passte dieses Hau-Ruck-Verfahren nun überhaupt nicht! Ich beschloss, einen Tag auf den Hütten vorzuschalten, mein Bergführer würde dann übermorgen auftauchen.

Gesagt, getan. Am nächsten Vormittag näherte ich mich per Taxi dem Chimborazo. Das Land hob sich in Wellen und Hügeln dem Riesen entgegen und wurde zunehmend öde und wüstengleich. Kurz vor dem Eingang des Nationalparks sagte ich meinen Taxifahrer adieu, um die letzten Kilometer zur unteren Hütte per pedes zu absolvieren. Ich war hochmotiviert und startete gleich richtig durch, ungeachtet der von mir noch nie erlebten Höhe von 4500 Metern. Zehn Schritte später war ich überzeugt, mich würde umgehend der Erstickungstod ereilen. Ein paar Alpakas standen mit stubsschnäuzigen Gesichtern etwas abseits und betrachteten aus großen Augen dieses röhrende, röchelnde Rucksackwesen. Ich schwor mir, in Zukunft nicht mehr zu rauchen und schlug eine deutlich bedächtigere Gangart ein. Und siehe da, es ging mit dem Gehen.

Die folgenden eineinhalb Tage waren von der eher tristen Art. Auf der Hütte war es saukalt, draussen windig, wolkenverhangen, und es graupelte. Ich lag die meiste Zeit im Schlafsack und überlegte mir, ob das alles nun wirklich sein müsse. Vor der Hütte stand eine Steinpyramide, und eine Tafel zeigte an, dass der große Alex - nein, nicht von Huber, sondern von Humboldt - vor ziemlich genau zweihundert Jahren beim Versuch der Erstbegehung gescheitert war. In diese Fußstapfen wollte ich natürlich nicht treten.
Aber was würde es tatsächlich bedeuten, über 6000 Meter zu steigen?

Anderntags schleifte ich meinen Rucksack auf die Whymperhütte und ging noch einmal hinunter, wo Mittags tatsächlich mein Bergführer auftauchte. Nach erneutem Aufstieg bereitete er uns ein feines "pollo con arroz", aber der Appetit wollte sich in der Höhe nicht so recht einstellen. Und dann hatte mich der Schlafsack wieder. An Schlaf war nicht zu denken, ich war viel zu nervös. Es kam mir wie eine Ewigkeit vor, bis ich meinen Chef schließlich rumoren hörte. Endlich! Also los!

Siehe da: Die Wolken hatten sich verzogen und die aufstrebenden Eisflanken des Berges lagen im Mondlicht. Im Land draussen standen zwei, drei Gewittertürme und warfen ihr flackerndes Wetterleuchten herüber. Die Szenerie war atemberaubend.
Es ging ein paar hundert Meter den Moränenschutt aufwärts. Auf die Stirnlampen konnten wir verzichten. Ich stellte mit Freude fest, dass ich mit der Höhe gut zurecht kam.
Den kurzen Abbruch des Gletschers hochzupickeln war die einzige Stelle, die so etwas wie einen technischen Anspruch hatte, und hier taten die Sportkletterarme ihren Dienst. Nun waren wir auf dem Eis. Raúl nahm mich an die Strippe und jetzt hieß es steigen, steigen, steigen.

Die folgenden Stunden haben in meiner Erinnerung etwas Unwirkliches, etwa wie eine Traum. Wir stiegen stetig und ohne Pause. Ab und zu blieb ich stehen und warf einen Blick in die Ferne oder die Eisflanke abwärts, ohne wirklich zu realisieren, dass ich derjenige bin, der hier schwer atmend steht. Allerdings, das Atmen und Steigen, das war konkret und real! Und je höher wir kamen, desto mehr reduzierte ich mich auf dieses Atmen und Steigen und den Rhythmus, in dem ich beides kombinierte. Ich musste an den Beppo Straßenkehrer aus Michael Endes Momo denken: "Ein Schritt, ein Atemzug, ein Besenstrich..."
Hier waren es ein Schritt, ein Atemzug, ein Pickelstich...

Wir kamen gut voran, und irgendwie war klar, ich mache weiter, bis ich oben bin, oder die Zeit abgelaufen ist.

Raúl sagte, wir hätten nun die 6000 Metergrenze erreicht. Mein Rhythmus lag inzwischen bei vier Atemzüge, Schritt links, vier Atemzüge, Schritt rechts, vier Atemzüge, Pickelstich... Beppo Straßenkehrer hätte gekündigt, garantiert. Und jedes mal, wenn ein kurzer Steilaufschwung meinen Rhythmus unterbrach, kippte ich über die Kante in den Schnee, japsend wie ein Fisch auf dem Trockenen. Doch nun konnte es nicht mehr weit sein. Es dämmerte bereits ein glasklarer Morgen. Ich beschiss mich selbst mit der Illusion, der augenblicklich zu sehende Horizont sei der Gipfel, und schob mich so von neuem Horizont zu neuem Horizont. Und dann kam der Punkt, an dem nichts mehr ging. Netterweise war das der Gipfel. Ein letztes Hochwühlen auf einen Eisabsatz, und es war zu sehen, kein weiterer Absatz ist höher...

Von irgendwelchen orgastischen Gipfelmomenten kann ich nichts berichten. Natürlich, der Blick in den jungen Morgen war wunderbar. Nach Norden breitete sich tief unter uns ein Wolkenmeer aus, aus dem der perfekte Eiskegel des Cotopaxi emporragte, dem zweithöchsten Berg Ecuadors. Aber dieser Eindruck kam mir im Moment vor wie aus einem anderen Film. Wir machten uns recht bald an den Abstieg. Eigentlich war ich schon komplett gebügelt, aber die Aktion war eben noch nicht vorbei. Als wir schließlich über den Gletscherabbruch wieder das Geröll erreichten, hatte ich nur noch Pudding in den Beinen.
Ich glaube, so fertig war ich noch nie zuvor in meinem Leben.

Potentielle Gefahrenmomente gab es nun keine mehr, und Raúl ging schon vor zur Hütte. Ich setzte mich um einen Schluck zu trinken. Fehlanzeige, die Wasserflasche war komplett eingefroren. Ich lehnte mich an den Rucksack, stand aber sofort wieder auf, sonst wäre ich auf der Stelle eingeschlafen.

In meinem unkoordinierten Zustand setzte es mich auf den letzten Metern noch zwei mal unfreiwillig auf den Hintern. Ich hatte nur noch einen Wunsch: Zurück nach Riobamba ins Hotel, um endlich ins Bett schlüpfen zu können. Eins war mir klar: So was machst du nie wieder!

Und heute? Was soll ich sagen, heute ist dieses Abenteuer der absolute Höhepunkt meiner Zeit in Ecuador. So irreal mir alles im akuten Moment erschien, so intensiv sind die Erinnerungen und Bilder, die ich heute in mir trage. Da kann ich gar nichts machen. Mehr noch, ich bin stolz auf die Aktion! Ich hab's getan und hab's gepackt.
Inzwischen habe ich sogar Respekt vor den bärbeißig Jetirittern. Ich bin letztlich da hochgestapft, aber was mag es bedeuten, in diesen Höhen zu klettern? Und das Dach der Welt hat noch satte 2500 Höhenmeter mehr...

Ich bin Sportkletterer, nach wie vor.
Wenn mich allerdings heute jemand fragt: "Was war dein höchster Berg?", dann sage ich: "Das war der Chimborazo!", und es fühlt sich prima an! Aber darum geht es eigentlich nicht. Ich kann immer noch nicht erklären, warum ich auf einen Sechstausender gestiegen bin, aber es ist genial, dass ich's getan habe.

Kann gut sein, dass mir das wieder passiert.